Eckard Vossas

ent-
gegen
-wart

Semantikmusik 1

Herstellung und Verlag: Books on Demand GmbH, Norderstedt
Printed in Germany · ISBN 978-3-8311-1011-7

EINKLANG (Vorspiel)

in diesen äußerungen
        entsteht   wieder nicht
der augenblick
           in dem wir uns begegnen   könnten

\

seelen -
        gras
        in der emotionslosigkeit der sachverhalte
        horizonthin-
                gerichtet
konserviert im lichtfrost
        durch den die bewußtheitstraßen aufbrechen
        mundtot
                durch die verpackung
        offizieller verlautbarungen

meerdeutig
                wo das schweigen anlegt
                        an der antwortlosigkeit
im brechenden wartelicht
                über dem sand der bewegungen

von weiter zu weiter
von absicht zu absicht
        rINNENd

Ich (Formulierungen)

grenzgänger   der grammatik
    verWAHR *Los* T
          in den denkrissen
durch die geregelte realitätsstarre

        t:rEiBEN
        mit den reflexionen auf dem fluß

    zurück blEiBEN

letzte sätze   *streunend*
in obdachloser haut
        bis zur verwesung
        der ziellosen horizontDAuer

ein splitter deines bewußtseins
        läßt das **licht**
aus dem schau*fenster*   der seele
                eingeschlossen in den dingen

die sonne schneidet
        die wasserdichten voraussagen auf
auf der schwelle
        zur *abwesenheit*

ein splitter deines bewußtseins
                schlitzt die *distanz* auf

weinende hände,
    die in die leere
                sentimentaler vergangenheit
    g:reifen

entwurzelte erinnerungen,
    in die verzweiflung der fakten
kenternd

auf dialogentzug

oberflächen
      porös

       vor sehnsucht

                       nach bedeutung:

VERLASSENHEIT IM UNAUF   FINDBAREN

scharf
    schneidet der morgen   *bewußtS:ein* s -
                                                    anғang

in die ent-
        rückung
der ständigen GEGENstänDe

stimmen-
        verwehungen
                                verlassen

die bleibe - zeit - bleibe

geblendet von aussichten
verkriecht man sich
auf die andere seite
                    der *tRäume*

        be-
            deutungen öffnen sich,
            um

um
    beim anschalten
    der existenz unauffindbar
zu werden

wahrnehmungsRUiNEN

                         zwischen den dingen
                         zwischen den zeilen

von der zwischenzeit hingekritzelt

auf dem weg
          endlos: end

die vagina der sonne

                         wie immer

in den wiederholungen

                         die augen öffnend

Nicht Ich

er
in der zeit verheddert
    der **horizont**
asche *zwischen uns*
    brennender worte
        verweht
   in den straßen
rissig von **versprechungen der zweideutigen zeichen**

in *distanz* verpackt
    mit konsum abgespeist

bricht das licht

die vorstellungen
    [ver]enden im fernsehen
als amüsement

    werbebilder zerfetzen
    die inszenierungen der realität

    zu zynischen endlösungen
        regierungserklärt
        weiterend-
            los

Rückkehr[e]

f:liegen
    oberhalb der wolken
oberhalb der hirnrinde   (muster)

in der watte des ichs

wiederhöhlungen

war:ten tropft
  über die funktionierenden ober-
  flächen

                            voller vergangenheitsspannung

deine haut weicht auf
bis die erde eindringen kann

                            lustlos

leckgeschlagene tage

    konstruieren ihre fehl-
interpretationen
          in die dämmerung
des volllaufenden fühlens

:die fehlenden wörter *zwischen*
       den augen sätzen häuten
befreien sich
      (vom sonnen-
       untergang der ZUgegenSTÄNDE)

keine ent-
        sinnung
dringt mehr ein

in die verstummte wartenhaut
        ausgehärtet von vergehenwart

ausgestoßen   von den oberflächen
                  ankert
                        der hunger

in den fortgangs-
                  mustern

die wände der blicke-
eruptionen ent-
                                                lang
irren die aufgeschlagenen anfragen,

         das **empfinden** verschlossen
                  von antwortnarben

fühlverschlungen

AUF EINMAL: GEGENWART-ENTHALTUNG

türen treiben
    palavernd auf den wellen

die stockende zeit, aufenthalteng, schweigt

im leeren magen
      der ereignis-
           losigkeit

beschleunigt sich das zeitverlieren

auf der oberfläche
      des fühlens
            diesen tauenden körpersplittern
häuten sich
      horizont und wolken
ineinander
            ändernd

näheverknotet

begegnung, vielleicht einmalig,

                                         lebenssüchtig

sofort vernichtet

                   in unserer augen   dementi

öffnende hinübersätze, still gierig
verschlossen vom verhalten

                                     der lebensfeindlichen faktizität

ein *körper* ohne
                               einen anderen   :
verdorrt
eine welle ohne meer

und das brennende blut
macht aus der *weite* der **emp:findungen**
eine wüste

                                  die sich die horizontadern
      öffnet

: das meer *entkommt*
                      der gleichbLEIBung
                              brennende sätze[1]
                    verloren

                                    hautwart ohne antwort

---

[1] ein körper ohne einen anderen

wo das schweigen anlegt

über den sand der bewegungen

[ver]   rINNENd

[-gehenwärtig]

DIE OFFENEN ENDEN DER ZEIT:

.

vor[aus]stellungen: gegen-
                wart aus *erinnerungen* -
                                    bett
auf zukunfts   *spannung*

spiegel-
      gefühl   spannt seine
subjektive zeit auf

in der weite zwischen
den *spurennarben*
                  nur pfützen aus abwesenheit
                      b:lieben

von weiter zu weiter
von absicht zu absicht
       rINNENd

zwischenzeit aus wieder-
                        ho:lungen

die ereignislosigkeit welt
            im existenzgewinde

lebenblutend

fernweher fühlstillstand
       verweht
            in spurlosigkeit

augenblicke lösen sich auf
      im weiter-
           zu-stand

die guillotine des horizonts
        schneidet die *verlangen-*
flucht ab,
            vom hier,

in telefonen eingeschlossen
        verdeuten   stimmen

das welke laub des lichts
        fällt
                auf die *ränder*

                            die sich nicht öffnen
            zum irrealis

seelenmeer-
       deutig

im brechenden wartelicht

              unterflutet vom aussagennovember
              nicht authentisch

bedeutungen-

brand:ung

regenvernarbte blicke
              bis tief in die anwesenheiten gehauen
      spannen die weite diesen spiegel auf

in diesem starren des gegenlichts,
      warten   seelenkonserviert

im fluchtsinnigen stillstand

oberflächen hungern
              der verschlossenen ferne antwortend
bis zur zeitenthaltung

lichtkeile, entgelte ver[wahr]loster realitätsstarre:
phrasenrelikte reliquien,
                  in die zwischenmomente gebissen

wolken zerschneiden die fenster
wo in der   weite sich spiegeln
die augenblickenarben zwischen

türen in wortangeln: bruchstellen zwischen dingen und wahrnehmen

von dir geäußerte

           splitter toten bewußtseins

bohren

    sich in   den   **raum**

              ausgesetzte *fragen*

die venen der zeit

       öffnend

       zur überdrüssigen freiheit

ZWISCHENSPIEL

in diesen äußerungen
       entsteht
ein augenblick
          der gemeinsamen wahrnehmung

Zeit atmendes ErinnernkristALL

ungegenwärtige lippen im
        weiter versandet :

wartengeschminkt (ausufernde illusionen)

stacheldraht des schweigens in
        ein gespräch verdrillt
                        mit den horizontschlingen

die oberflächen kristallieren
zwischen uns
und härten aus   in der zwischenzeit
bis zur überraschenden morgendämmerung

lippenlos sprachlos   offener raummund zwischen den schaufenster-
                                                zeilen

seele

horizonthingerichtet

sonntagsleer
       zwischen apathischen fenstern
wartet lauernd die zeit

in gegenwart bis zur abwesenheit
           übersättigt mit projektionen
                 deiner atmenden nähe
die agonie der ereignislosigkeit
           beseelt mit
       vom koitus träumenden mauern

stilles licht
        verausgabt
sich über dem sichtfeld
        in spurlosigkeit verpackt

die schneeweißen anhaltspunkte
        verwehen
                mit dem eingeEBENten gefühl

vereinigung mit der zeitschmelze träumend
                meerhin in deinen *körper*

die horizontuhr zerstückelt
        den fernwehen stillstand
des gelösten augenblicks
                mit weiter-
                    vergehen

der knoten der sonne (logos),
            brennendes seelenloch,
in den maschen der sehnsucht-
wolken
        immerweit

wahrnehmen zerschneidet sich

      in den fenstern blinden jenseits

die ohne gnade die gegenwart fabrizierter existenz eskortieren

gras
in der emotionslosigkeit der sachverhalte
wo das schweigen anlegt
im scheidenden wartelicht
auf dem sand der be:weg:ungen

: seelenmeerdeutig
                    rINN:ENdlos
                              vorn: weg

zwischen fe[r]nStern en
                        träumend   vom koitus mit jenseits
mauert zeit
            die ago:nie der ereignis-
                        losigkeit

                                    in vergangenwart vorübe
                                              wärts

licht: ankunftlose
      verpackung aus weiter
aus gegenwartmaterie
        starr starrend undurchlässig

kentert im fortschrittsverfall
    der vorgänge - zeit
        startend-los

das untergehende fühlen betrinkt
sich mit irrsinnigem horizont
          in dieser starre

die illusionen verkaufen sich gegenseitig

das zweite leuchten
    vielleicht andersfarbig
: gegenlICHtwärtig

*wortgrenz*en: um:bruch -
           stellen zwischen oberflächen
           und wahrnehmen

: *fenster* zerschneiden die wolken

           mit einem verlangen

                          nach bedeutungen -

                                    jenseits

türen in wortangeln: bruchstellen zwischen dingen und wahrnehmen

gegenlichtwart
          auf vergangenheitspanNUNg

leere auf kredit

von gegenwart abrinnende tränen
          sich deiner haut erinnernde

fühlflut
          in der werbebilder und geldzäune weggeschwemmt werden

gefangen schneidet der bewußtseinsanfang in den morgen
im kunstharzblock autoritärer dinge profitausgeweidet

seelenkonserven im sonderangebot
                    der bildschirme
surfend
kommerzialisierte existenzen ausbeutend, verfassungstreu

wolken zerschneiden die fenster

später

sätzemasken welken in
der hängenden zwischenzeit

: der erbrochene horizont
                    verschwindet
    in erinnerung
                auf den stromschnellen
    der bedürfnisse

: das *wahrnehmungen*sieb zerreißt
    unter der wucht der wunde
  deiner abwesenheit
                in meiner haut

zum aushärten aufgespannt
                auf den oberflächen
                        zwischen zeit

ZEIT ORTE:
TOPOGRAFIEN DES VERGEWISSERNS

NEW YORK

vergreiste neue welt,
        zwischen vertrocknetem steine-
blut, himmelhoch

nachts wird dieser dschungel
        kämpfenden irr-lebens
lauter

ideen verrosten
        in der sintflut des konsums

auf kreditkarte
alles
    ist vervielfacht:
      augenkopien
      gefühlskopien
      leere

JUNI 95

endlos
      himmel=blaue netzhaut
die nichts sieht

überspannt   die unerbittliche sehnsucht
die nie sich erfüllt

: ein streicheln der abwesenheit
                  niesüchtig

verheddert
der horizont

brennender worte
in den straßen

VORSTELLUNGENKUNFT

schöne bilder, fiktionen
      unerreichbar mit dem körper

: ankunftlose sätze,
      geschichte als fortsetzung
        ohne weiteres er-

  leben

wahrnehmenfenster

mit einem verlangen
       nach bedeutungen -

            jenseits

der körper öffnet sich weitet sich
     fühlt sich
          als raum

unfaßbar, eine abwesenheit,
     die sich im raum verliert

zeit, unbegrenzt

raum: eine auflösung, begrenzt
     vom körper
          der flucht, des subjekts
entzeitig

körper, im raum situiert, auf
     zeitpunkten
     verteilt sich durch-
mischende räume wolken durchschneidende
     gefühle fliegen-
          des

raUM-körper körper-raUM
der körper aus raum
     im raum des körpers

gefühl von raum verschränkt
     mit gefühl von körper

der raum des körpers bewegt sich
          im raum
der raum läuft in raum aus
der raum mündet im körper
der körper schmilzt im raum zu raum
der körper mündet im raum
der körper mündet in körper
der körper mündet in zeit
körper-zeit zeit-körper ze*iterativ*
(zu sehnsuchtsmündungen fließend)

bedeutung:

etwas so subVERSives !

das lichtspiel einer ampel
                    im stehenden wasser
                            einer pfütze
            schillert

die im kopf
            mit deinen abgebrochenen blicken
versickert

momentflüssig

telefonschwärme fallen her über die
                    ereignislosigkeit und
fressen nimmersatt   löcher
            in die virtuelle *welt*

: zeitpfützen im niemandsland
            des wartenhungers

weITE:R ATION

träumünder spuren horizontverhau über-
        zieht regenreich
                        den hauthimmel
um das stAGnIERENDE verdauen
    der langeweile
    der langeWEILE
    der langeweile
    der lANGEweiLe
    der langeWEILe
    der langeweilenden
    der LANGweilENDEN[1]

wartekenNUNgen erläutern
    die hohlformen der ereignisse

das weiter reduziert sich
auf einen austausch von formularen und geld

bis zur inflation des absterbens

---

[1] exISTenzgeweiht

raUM-körper körper-raUM
im horizontuterus
            schneidender antwortlosigkeit
der körper aus raum
        im raum des körpers
im traum
        reduzierte subjekte hinter ihrer distanzhaut

gefühl von raum verschränkt
        mit gefühl von körper
schmelzend in illusion

der raum des körpers bewegt sich
        im raum
die innere distanz schmiegt sich perfekt in die umgebende leere
der raum läuft in raum aus
der raum mündet im körper
der körper schmilzt im raum zu raum
der körper mündet im raum
der körper mündet in körper
der körper mündet in zeit
körper-zeit zeit-körper ze*iterativ*

die distanz redet distanz
die distanz mündet in leere
die distanz häutet den körper
der raum füllt sich
        mit leere
der körper verhärtet im raum zu distanz
der körper mündet ohne antwort in

distanz aus zwischen-zeit

ausuFERNdE fühlreste
ohne
inHALT,
ohne
unmittelbarkeit

$$\left.\begin{array}{l} \textit{spuren} \\ (\textit{horizont}) \end{array}\right\} \text{verknotet}$$

RENDEZVOUS

beleuchtungswechsel
            im bedeutungenfluß

ertrinkt die sonne
            in der zeit da-
hing:leitend
            wahrlos

in den reflexionen der haut
            geht die folter der sachzwänge unter
            wahrlos

wolken schlachten die ferne ab
    der horizont verdaut
        sich selbst sein weitergehen

mit letzter erkenntnis

    gleichmütig
    in der fahrtenperistaltik während
        die fluchten implodieren
im hungernden stillstand
    der prozesse ohne umkehr

die wörter platzen auf
    (unsere inhalte verschmelzen)
und kommen zu bewußtsein das
    sich verbindet

           (gegenseitig

WAHRSINNIGE WEILLOSIGKEIT

das *licht* trocknet
    den kopf aus
der kopf dehnt die ebene
    von jetzt bis dann

wörter dunkeln die *weite* aus
             mit antworten verfugt
             schneegesonnen

der kopf trocknet
             das licht aus:

                       die leere des *gier*igen fleisches
bleibt   gelangWEILt
             bis zum tickenden horizont

FÜHLVERSCHLUNGEN, MIT NAIVER GEGENWART

in der wort- und dinggleiche
        trank ich dein sehen das meer
als die gegenwart unterging
                DArin mit der brandung in-
                einander auslaufender
                körper fliehsinnend

                                übereinstimmend

voll-
        ständig außerhalb
                unseres ichs bedingungenenthoben

bis die wiederholungen
        dämmern wie immer
mit lebenslänglichem durst

—

die körper entsinnt
        schneien ineinander anders im
gestöber aus ebenwart und gegenjetzt

auf der oberfläche
                des fühlens
                                diesen tauenden körpersplittern
häuten sich
                horizont und wolken
ineinander
                                ändernd

der horizont ist eine guillotine
die zukunft ist eine flucht
die gegenwart ist eine lähmung

        bis zur abwesenheit, die nicht vergeht

FORTSÄTZE

die fortsetzungen straßen lecken
    meine hirnvase aus

der wundbrand der weite
    sinniert im fleisch der uhr

fortlaufende wiederholungen
    hungern
        die unternehmungslust der verbaldenden
offenkunft aus

die schnittblumen vor-
formulierter wendungen welken dahin
        ereignen erstickend

        fortsätze leben lügend

ECHOS UND VARIATIONEN

horizonterwürgte ferne
kittet die fliehenden wiederholungen

wiederholungen höhlen
den tag:

entsinne gewinnen
vorformuliert verliert

verwahrter realität
         entwahrter unwahr
        wartender
          endender
               gegenwart

ausu:fern

seelenkonserviert gefangen

                    in der zukunftsengen *leere*

der fühlflut

ohne unmittelbarkeit

           hautlos

ersetzt durch bunte bekenntnisphrasen großer emotionen-

aben-

      teuer

ausgeweidet vom profit

regiert

bewußtseinsende auf bildschirmen,

                    den grabsteinen der subjektwirklichkeit

tele-erogene seufzer letzter liebe in handies *erstickt*

wahrlose zeit
       austrocknend

die wortlosen bäume krallen sich in die leere
weite
     geld blutet
aus den ohren
       der taube horizont

fälscht
bilanzen der lebensverluste
           lichtweinen verursacht kurzschlüsse
           in allen bildschirmen der umgebung

wörterlaub verrottet zu azur
      das sich in deiner hautsee
spiegelt
     durchbohrt von unverkäuflicher
seele:nasche
       schlafendes licht
            verjetzt
       darin weiterzwangüberflutet
      lustbrennend   auf der hautseh

ineinandersplitternde körper
     bereiten den untergang vor
im krieg der profitablen systemfehler

im fühlungengewölle
eingeschlossen
von ab:gebrochenen blicken

verdaut von abwesendem
                        ereignen
ohne wirklichkeit
                in der gedankenwüste, im emotionenbrachland

bunter video-wahrnehmungenlähmung

FEBRUAR

*sinne*regen
      antwortlos im uhrzeigersinn
verD:Unstet später
    im sich zuziehenden
          realitätsbildschirm

der vogelschwarm deiner
    öffnenden sätze würfelt
  die weite aus

während der börsengang
      privatisierter horizontschlingen
in sprachverlust untergeht
         mit dem virtuellen profitaus-
tausch

WAHRFREI

die sonne durchquert den kopf
in die bilanzen der lebenskonkurse
                    verstrickt

             bis das in hautbrandung
geflüchtete
             denken entfesselt
                    aufleuchtet
                           in wahrnehmenbefreiung

KRISE DER WIRTSCHAFTSLEERE

lEBEN: ist

      eine fälschung
zum verkauf von weiter

ungültige natur,
        wie die abwesenheit ohne stimmrecht

die seelen zu-
        asfaltiert für den fortschritt

bis sich die ein-richtungen vor absterben aus gewohnheit
selbst zertrümmern

entsatzt

gegenseitig
       verkaufen sich die illusionen
             mit markenzeichen

im gestorbensein trendgemäß eingerichtet
      verlassen von überbezahlten posen und phrasen

ineinandersplitternde körper
in der sternklaren haut von GESTErN

umstreichelt vom offenen meer
                    immer wieder -

                                        kehrender ausgänge

ohne überraschung, ungelebt

morgenfühlig
            endet jeder für sich ohne eingang
im krieg der profitablen systemfehler
                                        splitternde augen -
                                        blicke

bedeutUNGEN,

trotz zweckwärtigen sprachgebrauchs

die aufgeteilte landschaft prospekt-
         fertig verkauft
ist
         ausgeleuchtet mit sinnlosigkeit

wie meine verlorenen wörter
      auf deiner haut

von gegenwart abrinnende
      tränen
      ohne antwort:

medienkonform
die profitausgeweidete welt
                explodiert okkupiert
im kopf
      überfüllt mit zerplanter leere
      aus langeweile und zerstörung

eingezäunt

der himmel zersplit-
     terte seelen[1] blutet aus
in den *bilanzen* der weite-
               fälschungen

die kataster der vorgänge
verplappern sich in den *zäunen*[1]

alles steht
       fest
          im profitablen opferkult der multis medien

---

[1] zugvögel im fluchtfang blind

wo:lkengerippe
           in gedanken
nagelt die ferne
       am hintergrund
fest

       im stacheldraht der sachzwänge
hängen die verbluteten katalogseiten anderen lebens

überflutet mit gefälschten empfindungen
                   bietet die blut-
leere distanz zwischen den bilanzen

       ihre fern-seh-lippen dar

die mundtot gemachten bäume
        quer durchs leere gefühl
verdorren,
       weil ihr frühling nicht rentabel ist

die perspektiven und fluchten melden konkurs an

denn der nächste krieg kommt

bestimmt

                    aus langeweile

ohne shareholder value
seelen -

      meerdeutig

      unmöglichkeiten-
versandet

konserviert in affektefilmen

wahrnehmung,
            wo das schweigen anlegt
zwischen

        den ruinen der sachverhalte offizieller verlautbarungen

     ausgereizt

wörter-
　　dissidenten

werbebilder zerfetzen
die inszenierungen der realität

zu zynischen endlösungen
      regierungserklärt
    weiterend-
       los

            amüsemental

landschaften, häuser, gefühle :
    nichts
        als angebot und nachfrage

             (ohne heimat)

vergangenwart: verpaßte momente
                    rINNENd
auf deiner haut
                    tränen
             ohne antwort:

eingezäunt

ich: gefühlt werden
von außen
　　　　　inexistentworfen

AUSKLANG

in diesen äußerungen
        entstand   wieder nicht
der augenblick
          in dem wir uns begegnet sein könnten

Nachbemerkung: Fragmente einer Erläuterung

Die Worte des vorstehenden Textes kommen Blicken aufs Meer gleich, genauer gesagt: dem, was man wahrnimmt, wenn man aufs Meer schaut. Spiegelndes, Widerscheinendes, in Bewegung und doch gleich-bleibend; manchmal opak, Einblick unter die Oberfläche zulassend.

Lange habe ich mit mir gerungen (und ringe eigentlich immer noch), ob ich etwas über die intendierten Kompositionsprinzipien dieses Textes – vor allem in syntaktischer Hinsicht – aussagen sollte. Denn letztlich steht ein Text für sich; genau *so* der Wahrnehmung des Lesers ausgeliefert. Andererseits kann die Aufmerksamkeit des Lesers geschärft, sein Assoziations- und Wahrnehmungspotential erhöht werden, wenn er gewahr wird, was bei der Entstehung und Präsentation des Textes wichtig war. Denn kaum ein Wort hat seinen Platz auf einer Seite ohne Absicht erhalten; die semantischen Partikel be-finden sich nicht in der syntaktischen Beliebigkeit eines Satzes.

Die Anordnung der Wörter auf einer Seite, jenseits der normalen, geregelten Syntax eines Satzes, hat Sinn stiftende Bedeutung. Ich habe während der Entstehung immer wieder auch von anderen Präsentationsformen geträumt: der Anordnung dieser Worte und Textakkorde in Form eines riesigen Mobiles, oder als variierender Hypertext, oder als Film. Vielleicht wird der Text einmal in diese Formen überführt; im Moment wäre die Realisierung indes zu aufwendig gewesen (vielleicht würde sie auch von manchem Wesentlichen ablenken oder in ein unendliches Ausprobieren führen). Auch muß man nicht von vorne nach hinten lesen, in sequentieller Manier: man kann sich beliebig kreuz und quer im Text bewegen.

Das Reflektieren darüber, wie die syntaktische Notation aussehen könnte, führte sogar zu Überlegungen wie derjenigen, die Bedeutungselemente in die Form chemischer Strukturformeln zu bringen. Allerdings widerspräche das in seiner quasi formalen Determiniertheit der Freiheit, zu der diese Bedeutungen-Collage eigentlich gelangen sollte.

Wörter oder Satzteile gehen in diesem Text ihre Bedeutungsverbindungen nicht nur im Nacheinander, sondern auch in der Vertikalen (wie in einem X-Y-Koordinatensystem) ein. Ein Blatt muß man sich vorstellen wie eine Partitur; die Syntax musikalischer Strukturen konstituiert die Textkomposition. Daher auch der bewußte Verzicht auf sequenzialisierende, Anordnung scheinbar festlegende Seitenzahlen (und doch vergeht beim Lesen, was ja nichts anderes bedeutet als Wahrnehmungen zu machen, die Zeit). Vielleicht sollte man von den Wortanfängen oder -enden vertikale Linien durch den Text ziehen und so ein Raster syntaktischer Beziehungen schaffen.

Was, getrennt durch andere Zeilen (das Durcheinander der Gespräche, der auf einen einstürmenden Sinneseindrücke), bündig untereinander steht, bildet oftmals eine Aussage, ein Bruchstück einer Aussage, sogar ein Gedicht(fragment) für sich. Der Rezipient ist aufgefordert, auf einer Seite neue Bedeutungsverbindungen in der Vertikalen (im musikalischen Sinne: in der Gleichzeitigkeit, als semantischer Akkord) zu suchen, die Wörter wie in einem Mobile sich bewegen und neu zusammensetzen zu lassen. Quer durch den Textkörper, das Bedeutungenmeer.

Darüber hinaus sind musikalische Prinzipien auch in der Abfolge der Textmotive und Atmosphären von Bedeutung: im Kompositionsprinzip von Echos und Variationen, Erinnerung und modifizierender Wahrnehmung.

Unterstützt wird die Idee einer vertikalen bzw. mehrdimensionalen Syntax manchmal durch typographische Gestaltungseingriffe. Die typographische Aufbrechung dient gleichzeitig der Stimulation eines vermehrten Assoziationspotentials (in bildimaginierender wie semantischer Hinsicht). Oftmals liegt eine Überlagerung, Durchdringung, Vermischung mehrerer Gedichte, mehrerer Aspekte vor, die wiederzugeben war; gleichsam in der Art eines semantischen und syntaktischen Kubismus.

Der Versuch, die Beziehungen, Bedeutungen jenseits der planen Fläche einer Seite darzustellen, zu vermitteln, spürbar zu machen, geht bis hin zum Einsatz von grafischen Elementen.

Insofern kann man sich den Text, wiewohl auf Seiten verteilt, als gefaltete Fläche vorstellen, oder als Mobile oder als ein in sich drehender (Be-Deutungen-)Klang.

Der Prozeß, wie das dargestellt, in eine adäquate Notation überführt werden kann, ist noch nicht abgeschlossen. Vieles bleibt vorerst experimentell.

Ein lyrischer Text befindet sich immer in Bewegung, auf dem Weg. Einen endgültigen ZUstand, seine Totenstarre, erreicht er nie (manchmal allerdings – zusammen mit der Rezeption – eine Agonie), immer nur eine Annäherung an die Prozesse des Meinens. In einem Buch wird daher der

Schnappschuß einer Approximation wiedergegeben, der sich ergab, nachdem die Iteration redaktionellen Überarbeitens, des immer Wiederlesens und wieder Schreibens nur noch minimale Änderungen zeitigte.

Abschließend sei noch den schulischen Interpretationsdiktatoren mit auf den Weg gegeben: entscheidend ist nicht, was der Autor gewollt hat, gemeint haben könnte, was sich an Partikeln seiner Existenz in einem Text findet, sondern welche Wahrnehmungen, welche ErLEBnisse und Erfahrungen der Rezipient mit und durch die Wörter macht (obwohl eine gewisse phänomenologische Hermeneutik schon zulässig ist): die Wörter und ihre Beziehungen als Sinnes-Katalysatoren in einer Existenz oder Situation (als ein Moment der Freiheit, als Revolte der Phantasie, als dekonstruktive Fiktion).

Ich hoffe, hiermit dem Leser weitere Anregungen vermittelt zu haben, und wünsche viele neue Wahrnehmungen (oder: das Vergnügen, die Welt in ihrer Faktizitätsbetoniertheit (-borniertheit) zu verändern).

Playlist (chronoalogischer Index)

ZEIT ORTE: TOPOGRAFIEN DES VERGEWISSERNS

KRISE DER WIRTSCHAFTSLEERE